Impressum
Verlag: BABADADA GmbH, Nedderfeld 112 , 22529 Hamburg
Geschäftsführer / Verlagsleitung: Harald Hof
Druck: Books on Demand GmbH, In de Tarpen 42, 22848 Norderstedt

Imprint
Publisher: BABADADA GmbH, Nedderfeld 112 , 22529 Hamburg, Germany
Managing Director / Publishing direction: Harald Hof
Print: Books on Demand GmbH, In de Tarpen 42, 22848 Norderstedt, Germany

школа
sekoly

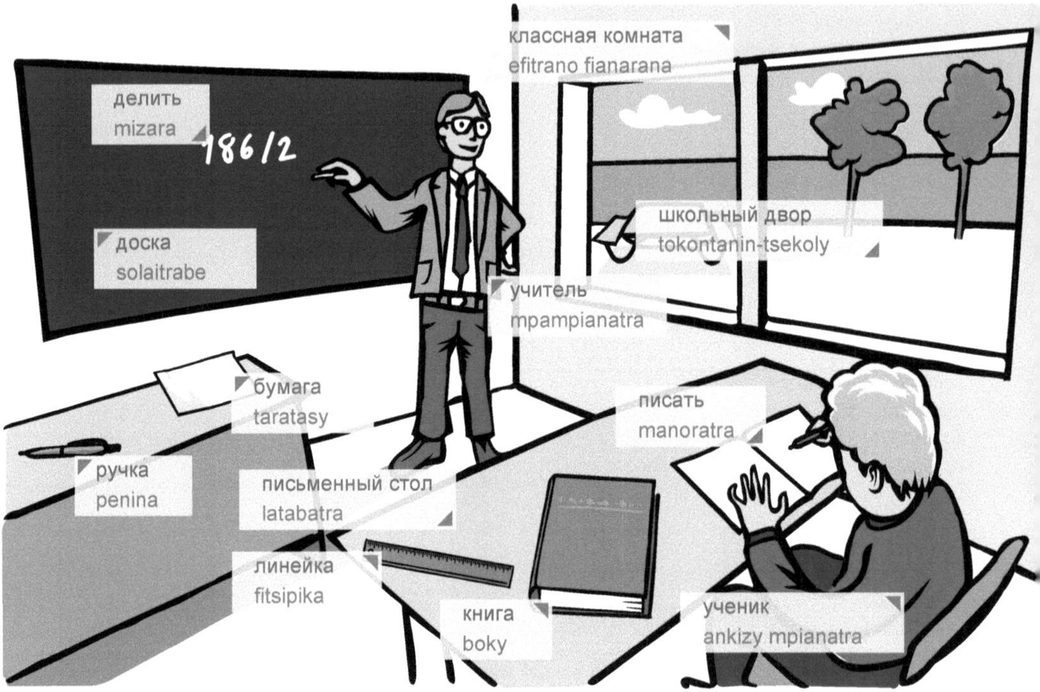

классная комната
efitrano fianarana
делить
mizara
186/2
доска
solaitrabe
школьный двор
tokontanin-tsekoly
учитель
mpampianatra
бумага
taratasy
писать
manoratra
ручка
penina
письменный стол
latabatra
линейка
fitsipika
книга
boky
ученик
ankizy mpianatra

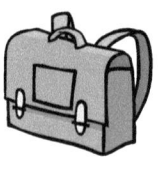

ранец

kitapo

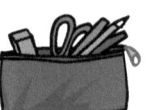

пенал

torosy

карандаш

pensilihazo

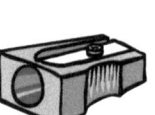

точилка

fandrangitana pensilihazo

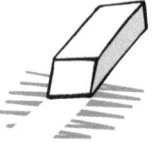

ластик

gaoma

альбом для рисования

karne fanaovana sary

рисунок

sary

кисточка

borosy fandokoana

коробка красок

boaty loko

ножницы

hety

клей

lakaoly

тетрадь

kahie fampiasàna

домашняя работа

enti-mody

12

цифра

tarehi-marika

2+2

прибавлять

manampy

5-2

вычитать

manala

2×2

умножать

mampitombo

считать

mikajy

A

буква

taratasy

ABCDEFG
HIJKLMN
OPQRSTU
VWXYZ

алфавит

abidia

hello

слово

teny

текст

lahatsoratra

читать

mamaky

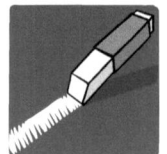

мел

tsaoka

урок

lesona

классный журнал

boky fianarana

экзамен

fanadinana

диплом

sertifikà

школьная форма

fanamian'ny mpianatra

образование

fiofanana

энциклопедия

raki-pahalalana

университет

oniversite

микроскоп

mikraoskaopy

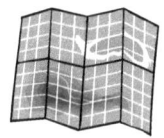

карта

sarintany

корзина для бумаг

fanariana fako taratasy

путешествие
fitsangatsanganana

гостиница
hôtely
Grand
турбаза
tranom-bahiny
ROOMS
пункт обмена валюты
toerana fanakalozana vola
EXCHANGE
чемодан
valizy
автомобиль
fiara

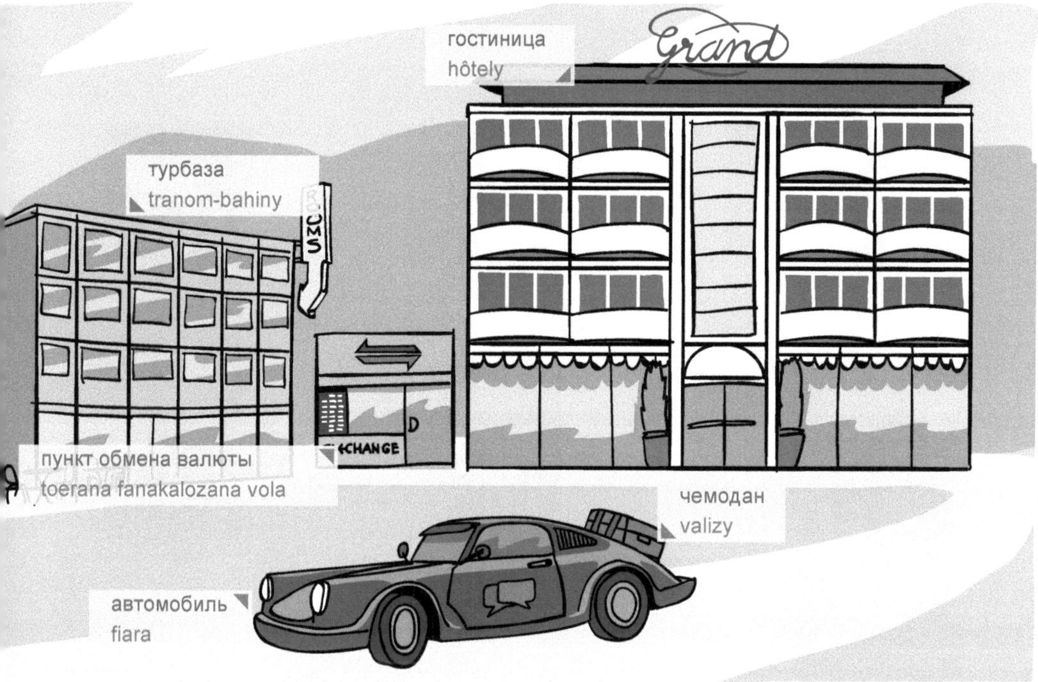

язык

fiteny

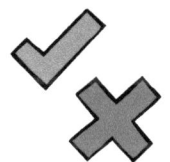

да / нет

eny / tsia

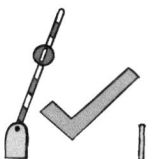

хорошо

Eny àry

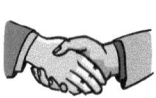

Привет

salama

переводчик

mpandika teny

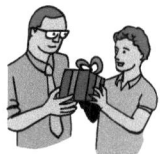

Спасибо

Misaotra

Сколько стоит…?

ohatrinona…?

Я не понимаю

Tsy azoko izany

проблема

olana

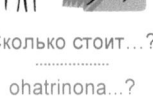

Добрый вечер!

Salama ô!

Доброе утро!

Arahaba tra-maraina e!

Доброй ночи!

Tsara mandry ô!

До свидания

veloma

направление

fitantanana

багаж

entan'ny mpandeha

сумка

harona

рюкзак

kitapo

гость

vahiny

комната

efitrano

спальный мешок

fandriana enti-tànana

палатка

tanty

туристическая информация

birao miandraikitra ny fizahantany

пляж

moron-tsiraka

кредитная карточка

fahana amin'ny karatra

завтрак

sakafo maraina

обед

sakafo atoandro

ужин

sakafo hariva

билет

tapakila

лифт

ascenseur

почтовая марка

hajia

граница

tany manasaraka

таможня

fadin-tseranana

посольство

ambasady

виза

visa

паспорт

pasipaoro

транспорт

fitaterana

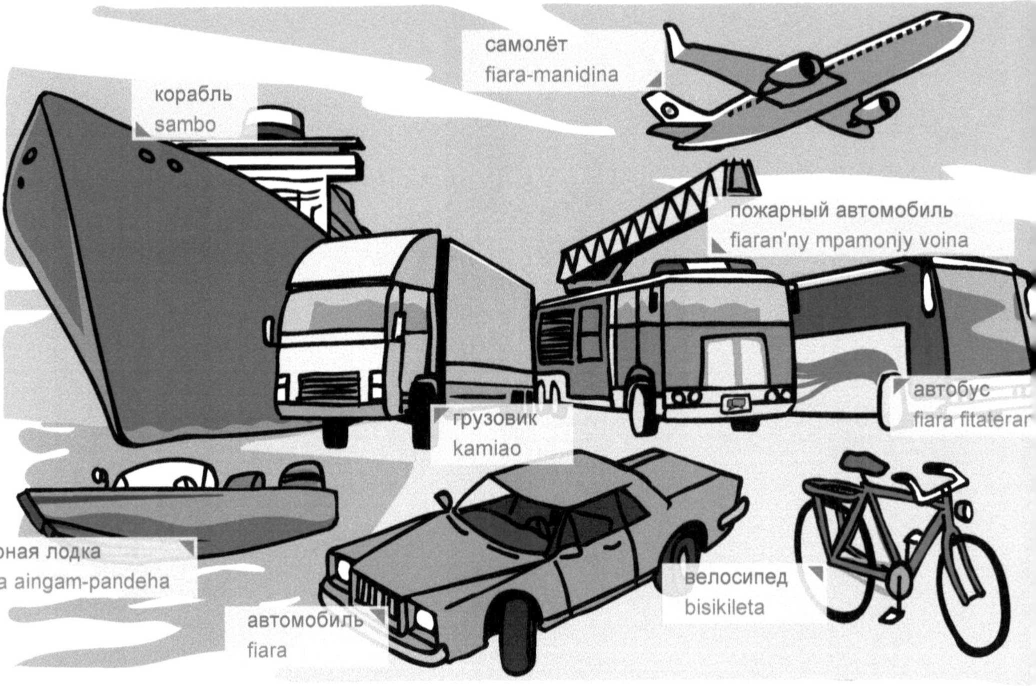

самолёт
fiara-manidina
корабль
sambo
пожарный автомобиль
fiaran'ny mpamonjy voina
автобус
fiara fitaterar
грузовик
kamiao
рная лодка
a aingam-pandeha
велосипед
bisikileta
автомобиль
fiara

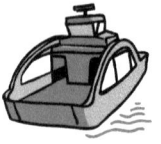

паром

sambobe

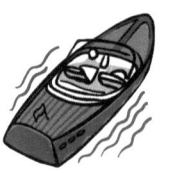

лодка

sambo

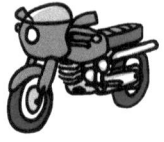

мотоцикл

môtô

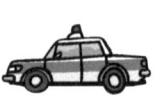

полицейский автомобиль

fiaran'ny polisy

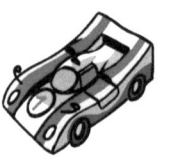

гоночный автомобиль

fiara mpihazakazaka

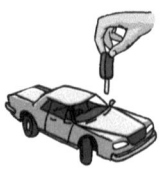

арендованный автомобиль

fiara fanofa

совместное пользование
автомобилями

zara fiara

буксировочный
автомобиль
fiara etsy babeko

мусоровоз

fiara mpitatitra fako

двигатель

môtera

топливо

solika

заправка

tobin-tsolika

дорожный знак

tondro fifamoivoizana

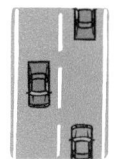

движение

fifamoivoizana

пробка

fitohanan'ny fifamoivoizana

автостоянка

fitobian'ny fiara

вокзал

fiantsonan'ny fiaran-
dalamby

рельсы

lalamby

поезд

fiaran-dalamby

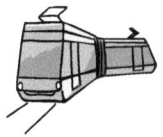

трамвай

tramway

вагон

kalesy

вертолёт

angidimby

аэропорт

seranam-piaramanidina

вышка

tilikambo

пассажир

mpandeha

контейнер

kaontenera

коробка

baoritra

тележка

chariot

корзина

harona

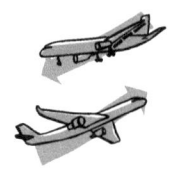

взлетать / приземляться

miainga / midina

город

renivohitra

деревня

ambanivohitra

центр города

afovoan-tanàna

дом

trano

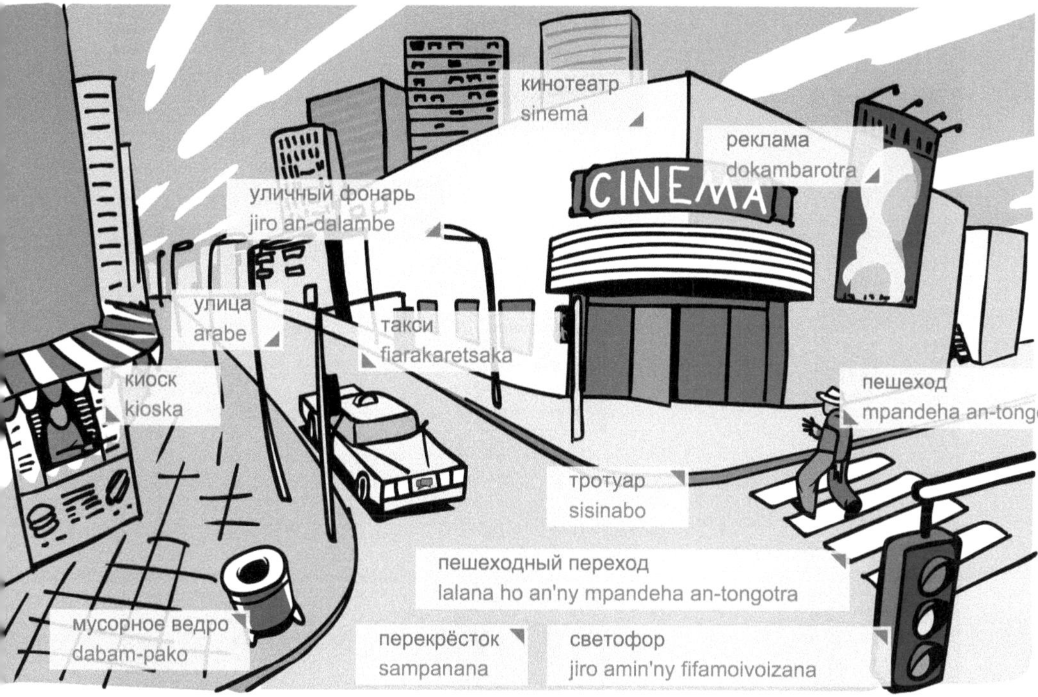

кинотеатр
sinemà

реклама
dokambarotra

уличный фонарь
jiro an-dalambe

улица
arabe

такси
fiarakaretsaka

CINEMA

киоск
kioska

пешеход
mpandeha an-tongo

тротуар
sisinabo

пешеходный переход
lalana ho an'ny mpandeha an-tongotra

мусорное ведро
dabam-pako

перекрёсток
sampanana

светофор
jiro amin'ny fifamoivoizana

хижина

trano bongo

квартира

tranobe

вокзал

fiantsonan'ny fiaran-
dalamby

ратуша

firaisana

музей

donia

школа

sekoly

университет

oniversite

банк

banky

больница

hopitaly

гостиница

hôtely

аптека

farmasia

офис

birao

книжный магазин

fivarotam-boky

магазин

fivarotana

цветочный магазин

mpivarotra voninkazo

супермаркет

supermarché

рынок

tsena

универмаг

tranobe fivarotana

торговец рыбой

mpivarotra trondro

торговый центр

toeram-pivarotana lehibe

порт

seranana

парк

valan-javaboary

скамейка

latabatra

мост

tetezana

лестница

totohatra

метро

metrô

тоннель

tonelina

автобусная остановка

fiantsonan'ny fiara
mpitondra olona

бар

bara

ресторан

toeram-pisakafoanana

почтовый ящик

boatin-taratasy paositra

табличка с названием
улицы

famantarana an-arabe

паркометр

parcmètre

зоопарк

valan-javaboary

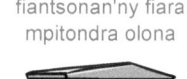

бассейн

dobo filomanosana

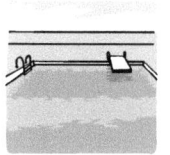

мечеть

moskea

ферма

toeram-pambolena

загрязнение окружающей среды

loto

кладбище

fasana

церковь

trano fiangonana

детская площадка

tokontany filalaovana

храм

tempoly

ландшафт

endritany

лист
ravina

дорожный указатель
tondro famantarana

дорога
làlana

луг
kijana

камень
vato

дерево
hazo

путешественник
mpihani-bohitra

река
renirano

трава
bozaka

цветок
voninkazo

долина

lemaka

гора

vohitra

озеро

laka

лес

ala

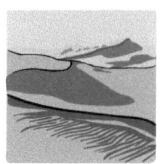

пустыня

tany hay

вулкан

volkano

замок

rova

радуга

avana

гриб

holatra

пальма

hazom-boanio

комар

moka

муха

lalitra

муравей

vitsika

пчела

tantely

паук

hala

жук

voangory

лягушка

sahona

белка

vontsira

еж

trandraka

заяц

bitro

сова

vorondolo

птица

vorona

лебедь

gisabe

кабан

lambo

олень

cerf

лось

voalavo

плотина

toha-drano

ветряной генератор

helisy ahodin-drivotra

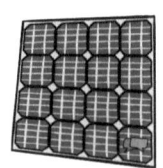

солнечная батарея

takela-masoandro

климат

toetr'andro

ресторан

toeram-pisakafoanana

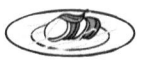

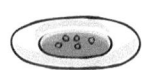

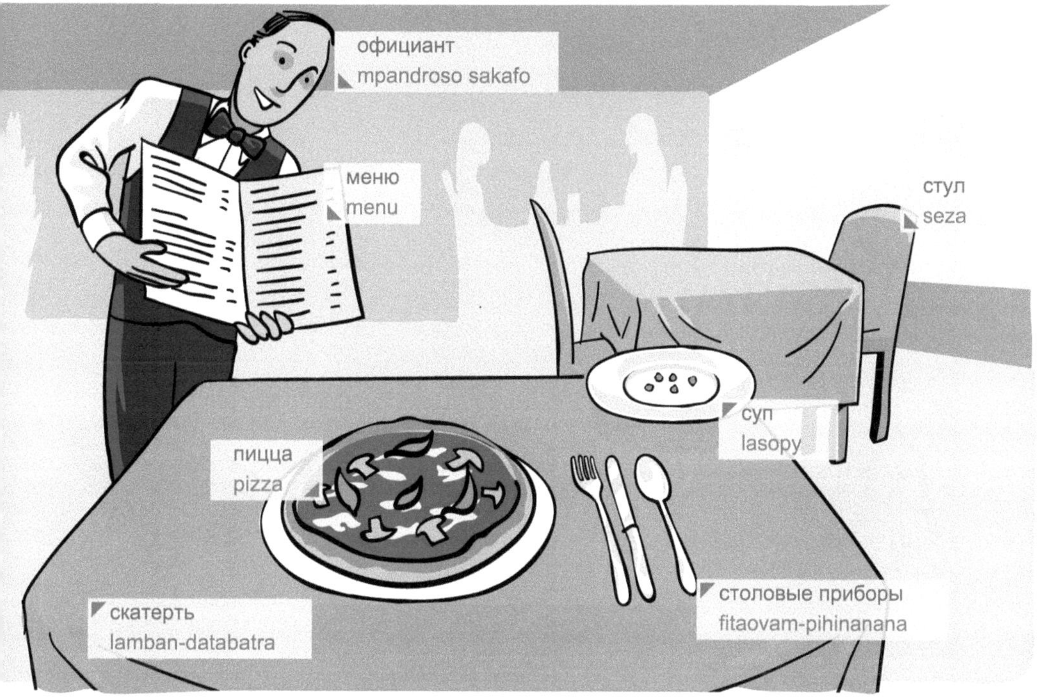

официант
mpandroso sakafo
меню
menu
стул
seza
суп
lasopy
пицца
pizza
столовые приборы
fitaovam-pihinanana
скатерть
lamban-databatra

закуска

entrée

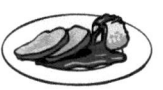

главное блюдо

sakafo fototra

десерт

desera

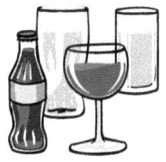

напитки

zava-pisotro

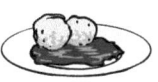

еда

sakafo

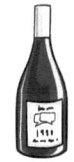

бутылка

tavoahangy

фастфуд

fast food

уличная еда

sakafo an-dalambe

чайник

fitoerana dite

сахарница

fitoeran-tsiramamy

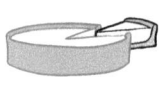

порция

singany

кофеварка

milina espresso

детский стульчик

seza avo

счет

faktiora

поднос

lovia fandrosoana sakafo

нож

antsy

вилка

sotrorovitra

ложка

sotro

чайная ложка

sotrokely

салфетка

servieta

стакан

vera

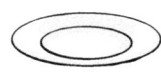

тарелка

vilia

суповая тарелка

vilian-dasopy

блюдце

vilia bory

соус

saosy

солонка

fitoeran-tsira

мельница для перца

milina dipoavatra

уксус

vinaingitra

масло

solika

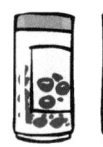

специи

zava-manitra

кетчуп

ketchup

горчица

voan-tsinapy

майонез

maionezy

супермаркет
supermarché

специальное предложение
fihenam-bidy
FOR
покупатель
mpividy
молочные продукты
sakafo avy amin'ny ronono
фрукты
voankazo
тележка для покупок
chariot

BUTCHERS

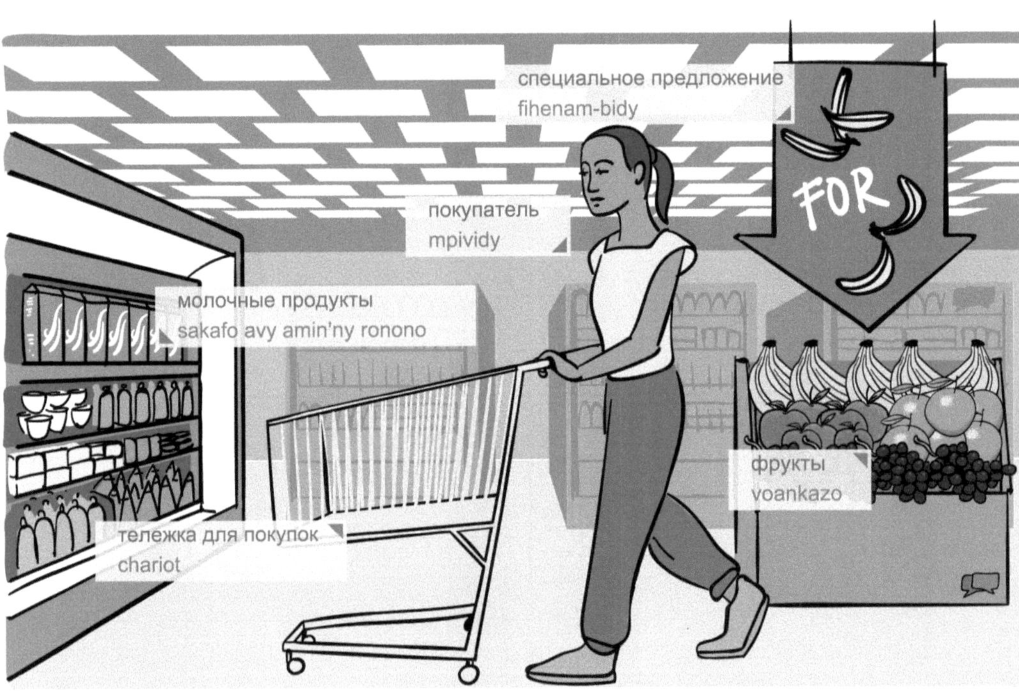

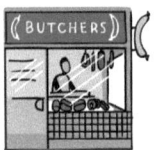

мясной магазин

mpivaro-kena

BAKERY

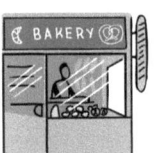

пекарня

mpivarotra mofo

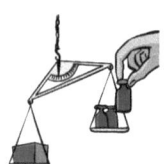

взвешивать

mandanja

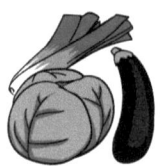

овощи

legioma

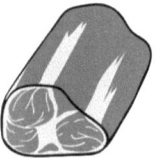

мясо

hena

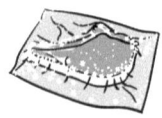

быстрозамороженные продукты

sakafo nampangatsiahana

нарезка

hena voahendy

консервы

sakafo am-by fotsy

стиральный порошок

vovon-tsavony

сладости

vatomamy

предмет домашнего обихода

fitaovana an-tokatrano

моющее средство

fitaovana fanadiovana

продавщица

mpivarotra

касса

toerana fandoavam-bola

кассир

mpandray vola

список покупок

lisitry ny zavatra vidiana

время работы

ora fiasana

бумажник

portefeuille

кредитная карточка

fahana amin'ny karatra

сумка

harona

полиэтиленовый пакет

harona plastika

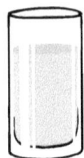

вода

rano

сок

ranom-boankazo

молоко

ronono

кока-кола

coca

вино

divay

пиво

labiera

алкоголь

toaka

какао

sôkôlà mafana

чай

dite

кофе

kafe

эспрессо

espresso

капучино

cappuccino

банан

akondro

яблоко

paoma

апельсин

laoranjy

арбуз

voatango

лимон

voasarimakirana

морковь

karaoty

чеснок

tongolo gasy

бамбук

volobe

лук

tongolo

гриб

holatra

орехи

voamaina

лапша

paty

спагетти

spaghetti

рис

vary

салат

salady

картофель фри

ovy frity

жареный картофель

ovy voaendy

пицца

pizza

гамбургер

hamburger

сэндвич

sandwich

шницель

didin-kena

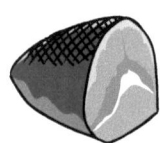

ветчина

lambo sira

салями

salami

колбаса

saosisy

курица

akoho

жаркое

hena mendy

рыба

trondro

овсяные хлопья

varin-tsoavaly

мюсли

muesli

кукурузные хлопья

cornflakes

мука

lafarinina

круассан

croissant

булочка

mofodipaina kely

хлеб

mofo

тост

mofo natono

печенье

bisky

масло

dobera

творог

fromazy fotsy

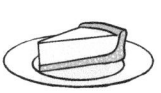

пирог

mofomamy

яйцо

atody

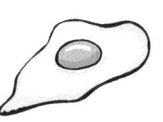

яичница

atody nendasina

сыр

fromazy

мороженое

lagilasy

сахар

siramamy

мёд

tantely

мармелад

kaonfitira

крем с нугой

crème nougat

карри

curry

ферма
toeram-pambolena

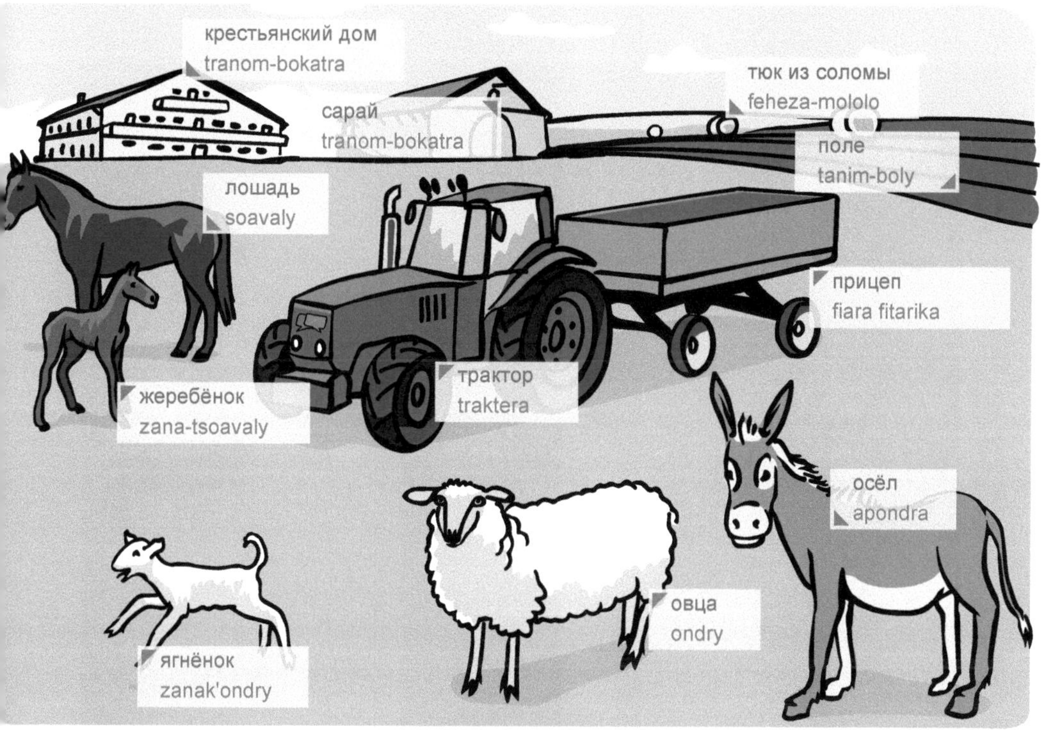
крестьянский дом
tranom-bokatra
сарай
tranom-bokatra
тюк из соломы
feheza-mololo
поле
tanim-boly
лошадь
soavaly
прицеп
fiara fitarika
трактор
traktera
жеребёнок
zana-tsoavaly
осёл
apondra
овца
ondry
ягнёнок
zanak'ondry

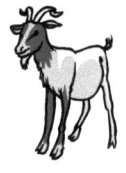

коза

osy

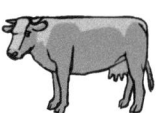

корова

omby vavy

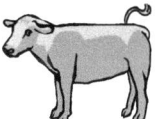

телёнок

omby

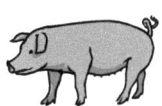

свинья

kisoa

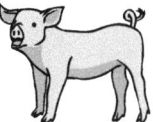

поросёнок

zana-kisoa

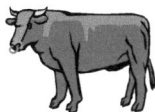

бык

omby

гусь

gisa

утка

gana

цыплёнок

zanak'akoho

курица

akoho vavy

петух

akoho lahy

крыса

voalavo

кошка

saka

мышь

voalavo tondro

вол

omby

собака

alika

конура

tranon'alika

садовый шланг

fantsona fanondrahana rano

лейка

fanondrahana

коса

antsy biloka

плуг

angadin'omby

серп

antsim-bilona

мотыга

antsetra

навозные вилы

farango vy

топор

famaky

тачка

borety

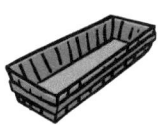

корыто

dababe

бидон для молока

boatin-dronono

мешок

harona

забор

fefy

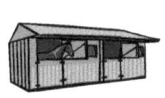

хлев

tranom-biby

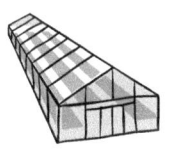

теплица

talatalan-jaridaina

почва

tany

посев

ambeoka

удобрение

zezika

комбайн

milina mpijinja vokatra

собирать урожай

vokatra

урожай

vokatra

ямс

saonjo

пшеница

varimbazaha

соя

saozaha

картофель

ovy

кукуруза

katsaka

рапс

colza

фруктовое дерево

hazo fihinam-boa

маниок

mangahazo

злаки

voamadinika

дымоход
fivoahan-tsetroka

крыша
tafo

водосточный желоб
gotera

окно
varavarankely

гараж
garazy

звонок
lakolosim-baravarana

дверь
varavarana

мусорное ведро
toeram-pako

почтовый ящик
boatin-taratasy hafatra

сад
zaridaina

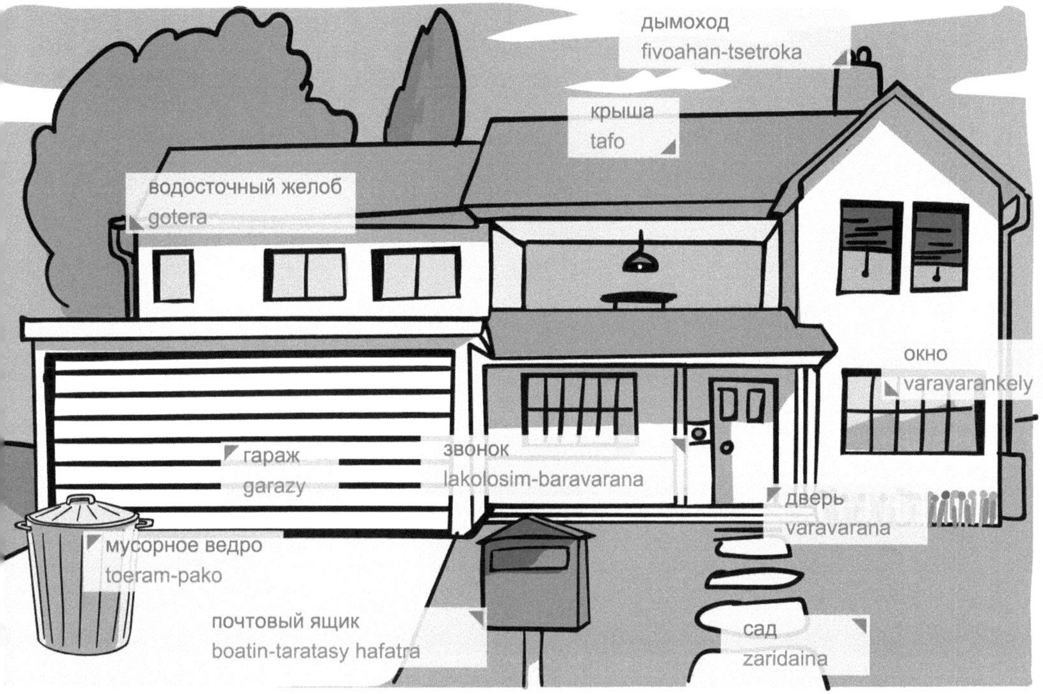

гостиная

efitra fandraisam-bahiny

ванная комната

efitra fandroana

кухня

lakozia

спальня

efitra fatoriana

детская комната

efitranon'ny ankizy

столовая

efi-trano fisakafoanana

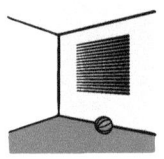

пол

tany

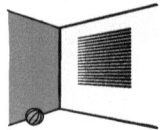

стена

rindrina

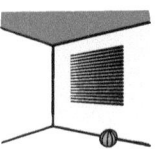

потолок

valindrihana

подвал

lakavy

сауна

sauna

балкон

tsimahalavo

терраса

lavarangana

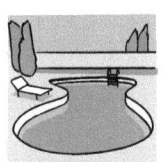

бассейн

dobo filomanosana

газонокосилка

mpanapaka bozaka

пододеяльник

lambam-pandriana

покрывало

koety

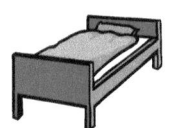

кровать

fandriana

метла

kifafa

ведро

sô

выключатель

interrupteur

гостиная

efitra fandraisam-bahiny

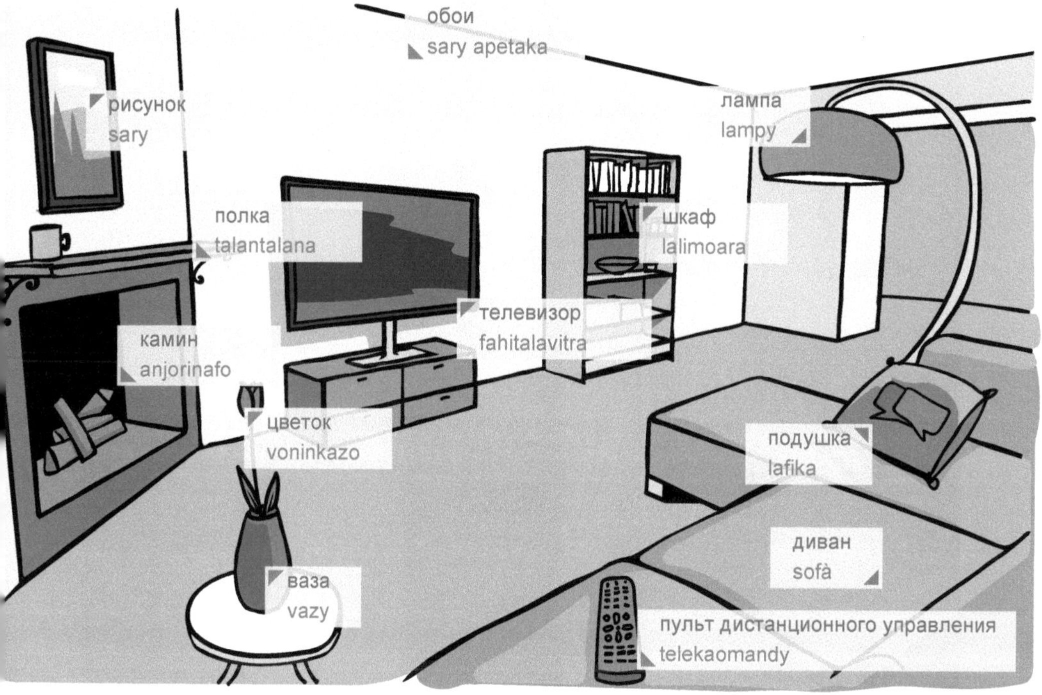
обои
sary apetaka
рисунок
sary
лампа
lampy
полка
talantalana
шкаф
lalimoara
телевизор
fahitalavitra
камин
anjorinafo
цветок
voninkazo
подушка
lafika
диван
sofà
ваза
vazy
пульт дистанционного управления
telekaomandy

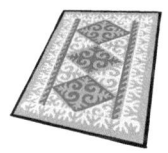

ковёр

tapis

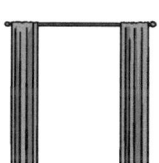

штора

takom-baravarana

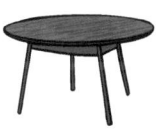

стол

latabatra

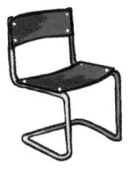

стул

seza

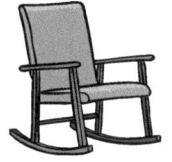

кресло-качалка

seza savily

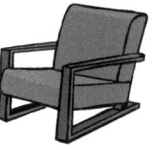

кресло

seza mihaja

книга

boky

покрывало

lamba firakotra

украшение

asa fandravahana

дрова

hazo fandrehitra

фильм

horonantsary

стереосистема

fitaovana hi-fi

ключ

fanalahidy

газета

gazety

картина

loko

плакат

sary famantarana

радио

radio

блокнот

kahie fanao tadidy

пылесос

aspiratera

кактус

raketa

свеча

labozia

кухня
lakozia

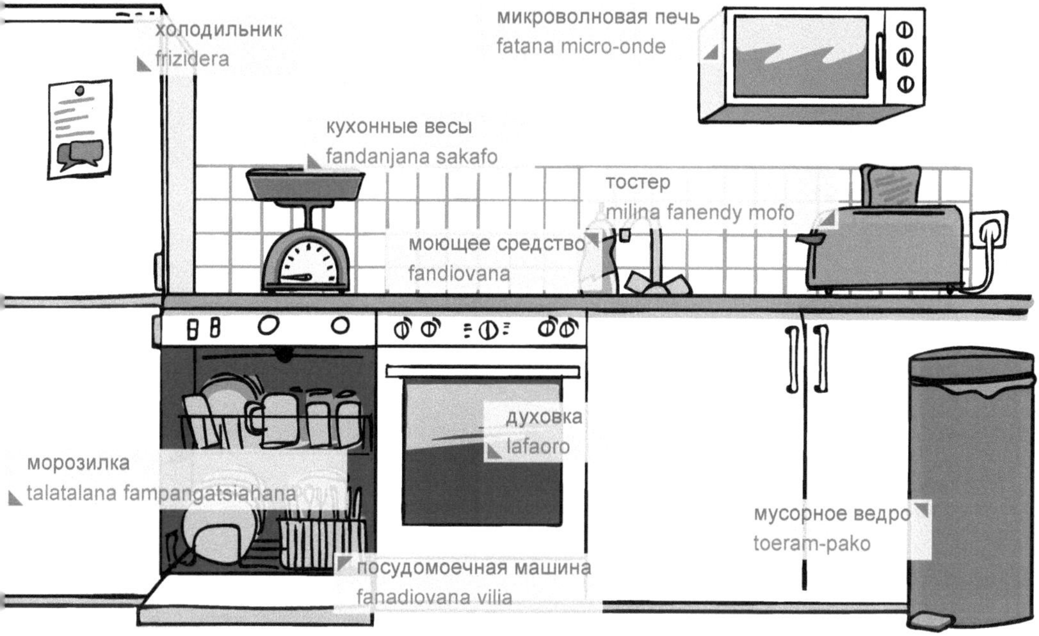
холодильник
frizidera
микроволновая печь
fatana micro-onde
кухонные весы
fandanjana sakafo
тостер
milina fanendy mofo
моющее средство
fandiovana
духовка
lafaoro
морозилка
talatalana fampangatsiahana
мусорное ведро
toeram-pako
посудомоечная машина
fanadiovana vilia

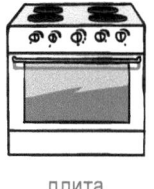

плита

lafaoro

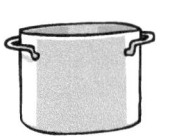

кастрюля

vilany

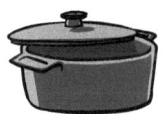

чугунный котелок

vilany vy

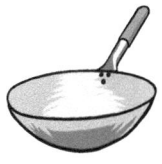

вок / кадай

wok / kadai

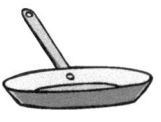

сковорода

lapoaly

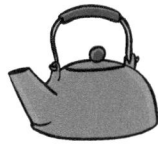

чайник

fitaovana fampangotrahana rano

пароварка

vilany mandeha entona

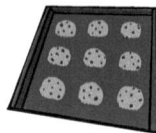

противень

lovia fisaka

посуда

fitaovan-dakozia

кружка

zinga

миска

vilia baolina

палочки для еды

hazokely fihinanana

половник

sotrobe lavatango

лопатка

spatule

сбивалка

fanakapohana atody

сито

fanatantavanana

сито

lovia sivana

тёрка

fanakikisana

ступка

laona

гриль

kiendiendy

костёр

fivoahan'ny setroka

доска

akalana fitetehana

скалка

kodia fandamàna koba

штопор

fisontonana bosoa

жестяная банка

boaty

консервный нож

fanokafana boaty

прихватка

fitazomana vilany

раковина

lavabô

щетка

borosy

губка

spaonjy

миксер

miksera

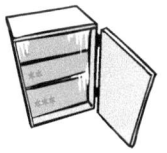

морозильная камера

fitaovana fampangatsiahana

бутылочка для кормления

tavoahanginono

кран

paompy

ванная комната
efitra fandroana

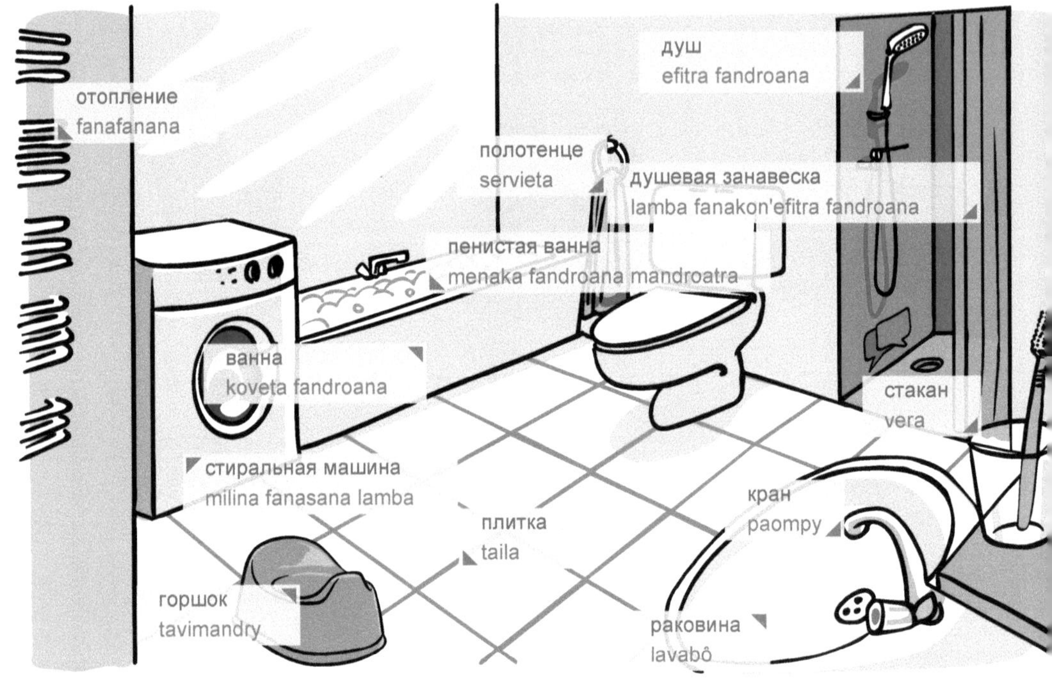

душ
efitra fandroana
отопление
fanafanana
полотенце
servieta
душевая занавеска
lamba fanakon'efitra fandroana
пенистая ванна
menaka fandroana mandroatra
ванна
koveta fandroana
стакан
vera
стиральная машина
milina fanasana lamba
кран
paompy
плитка
taila
горшок
tavimandry
раковина
lavabô

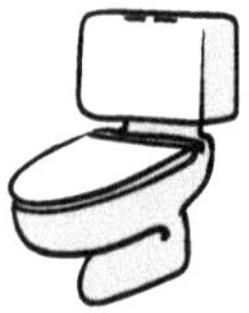
туалет
efitrano fidiovana

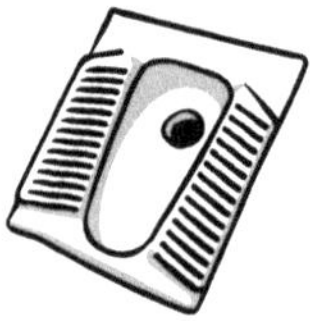
напольный унитаз
kabone mitsingo

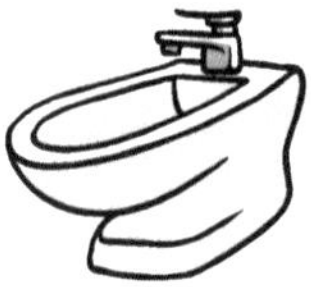
биде
bidet

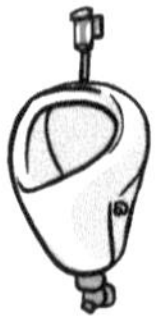
писсуар
fipipizana

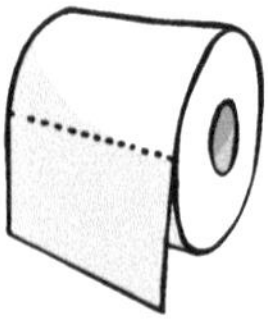
туалетная бумага
taratasy fidiovana

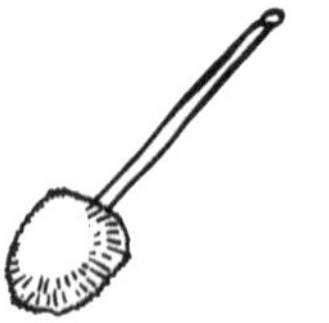
ершик
borosy fampiasa an-kabone

зубная щетка

borosinify

зубная паста

famotsia-nify

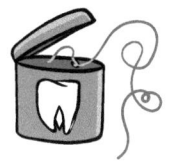

зубная нить

kofehy fanadiova-nify

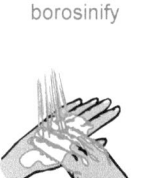

мыть

manasa

ручной душ

fisaika enti-tànana

интимный душ

fanadiovana fivaviana

таз

kovetabe

щетка для спины

borosin-damosina

мыло

savony

гель для душа

gel fampiasa rehefa misaika

шампунь

shampoo

мочалка

fonon-tànana enti-misaika

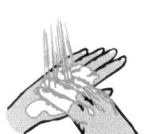

сток

tsiranoka

крем

crème fanosotra

дезодорант

fanalana fofona

зеркало

fitaratra

ручное зеркало

fitaratra fihaingo

бритва

hareza

пена для бритья

raotra fiharatra

лосьон после бритья

menaka haratra

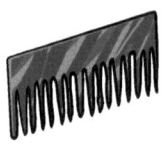

расческа

fiogo

щетка

borosy

фен

fitaovana fanamainam-bolo

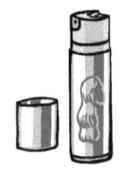

лак для волос

atsifotra amin'ny volo

косметика

fikarakarana tarehy

губная помада

lokomena

лак для ногтей

haingo hoho

вата

vohavohan-dandihazo

маникюрные ножницы

fanapahana hoho

духи

ranomanitra

косметичка

fitoerana fitaovana an-kabone

табуретка

sezabory

весы

fandanjana olona

халат

akanjo enti-matory

резиновые перчатки

fonon-tànana enti-manadio

тампон

servieta fanary

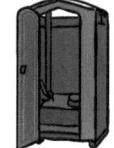

гигиеническая прокладка

lamba fampiasa amin'ny fadimbolana

биотуалет

kabone simika

детская комната
efitranon'ny ankizy

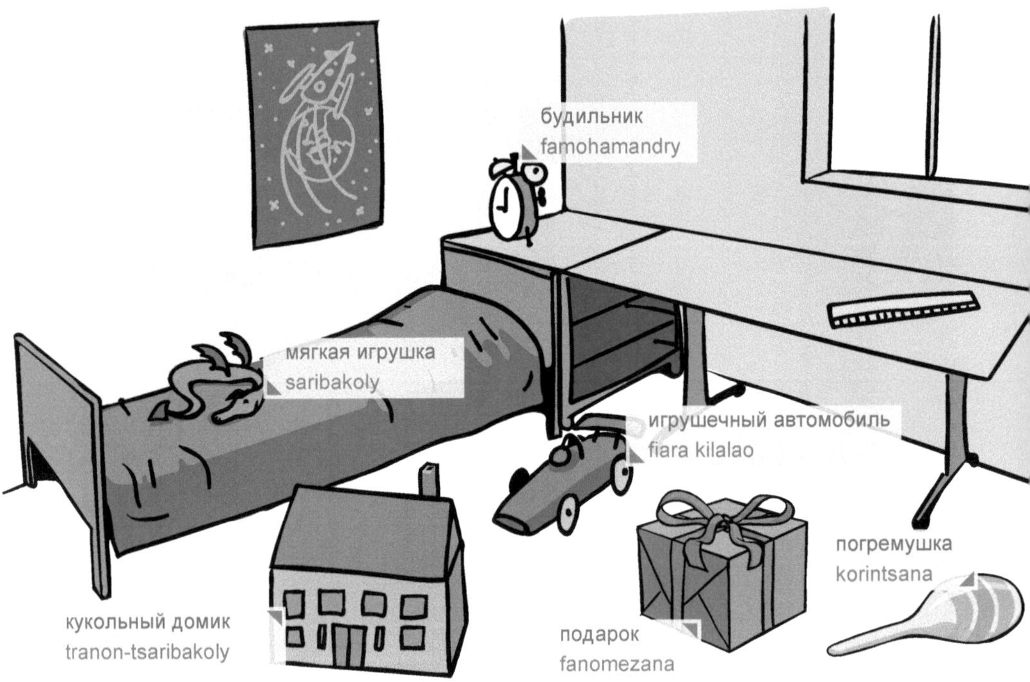
будильник
famohamandry
мягкая игрушка
saribakoly
игрушечный автомобиль
fiara kilalao
погремушка
korintsana
кукольный домик
tranon-tsaribakoly
подарок
fanomezana

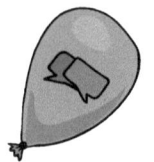

воздушный шар

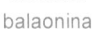

balaonina

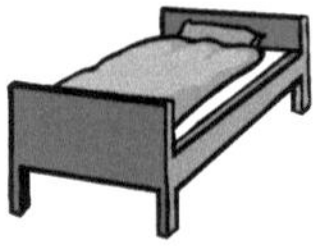

кровать

fandriana

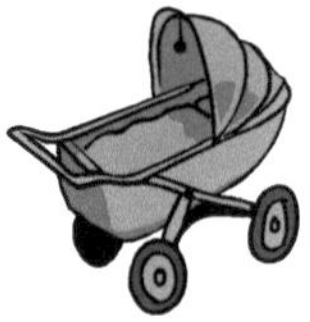

детская коляска

posety

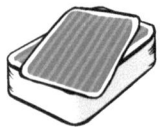

карточная игра

lalao karatra

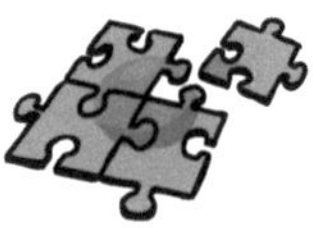

пазл

puzzle

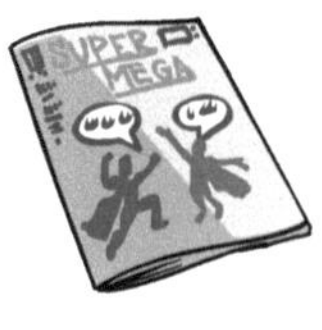
SUPER
MEGA

комикс

sariitatra

кирпичики Лего

lalao legô

кубики

kilalao fananganana trano

игрушечная фигурка

sarivongana kely

ползунки

grenera

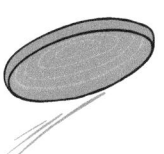

фрисби

Frisbee

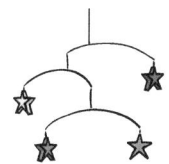

мобиле

mobile

настольная игра

jeu de société

кубик

kodiakely

модель железной дороги

lamasinina kely

соска

solonono

вечеринка

fety

книга с картинками

boky feno sary

мяч

baolina

кукла

saribakoly

играть

milalao

песочница

kovetam-pasika

качели

savily

игрушка

kilalao

игровая приставка

kilalao video

трёхколесный велосипед

tricycle

плюшевый медвежонок

teddy orsa

шкаф для одежды

fitoeran'akanjo

одежда

akanjo

носки

bà kiraro

чулки

bàn-tongotra

колготки

akanjo manara-batana

шарф
foloara

зонтик
elo

футболка
t-shirt

ремень
fehin-kibo

сапоги
baoty

тапки
kapa fitondra an-tran

кроссовки
kiraro tenisy

сандалии
....
kapa

ботинки
....
kiraro

резиновые сапоги
....
baoty fingotra

трусы
....
atinakanjo

бюстгальтер
....
tatinono

майка
....
akanjo feno

боди

vatana

брюки

pataloha

джинсы

jean

юбка

zipo

блузка

akanjo ambony

рубашка

lobaka

свитер

pull

свитер

akanjo sarotro

спортивная куртка

palitao

жакет

palitao

пальто

palitao

плащ

akanjo aro-orana

костюм

akanjo fianjaika

платье

fitafim-behivavy

свадебное платье

akanjon'ny ampakarina

мужской костюм

akanjo fianjaika

ночная сорочка

akanjo-mandry

пижама

pijamà

сари

sari

платок

sarondoha

тюрбан

turban

паранджа

burqa

кафтан

kaftan

абайя

abaya

купальник

akanjo fitondra milomano

плавки

akanjo fitondra milomano

шорты

pataloha fohy

спортивный костюм

akanjo fitena

фартук

tablie

перчатки

fonon-tànana

пуговица

bokotra

очки

solomaso

браслет

brasele

цепочка

rojo

кольцо

peratra

серьга

kavina

шапка

satroka

вешалка

fanantonana palitao

шляпа

satroka

галстук

fehivozo

застежка молния

hidikorisa

шлем

aroloha

подтяжки

beritelo

школьная форма

fanamian'ny mpianatra

форма

fanamiana

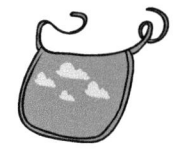

детский нагрудник

bavoara

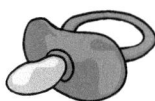

соска

solonono

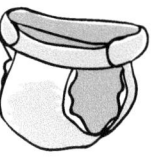

подгузник

taty

офис

birao

сервер
serveur
канцелярский шкаф
lalimoara fitahirizana
бумага
taratasy
принтер
mpanao pirinty
монитор
efijoro
письменный стол
latabatra
мышь
voalavo tondro
папка
klasera
клавиатура
klavie
корзина для бумаг
fanariana fako taratasy
компьютер
solosaina
стул
seza

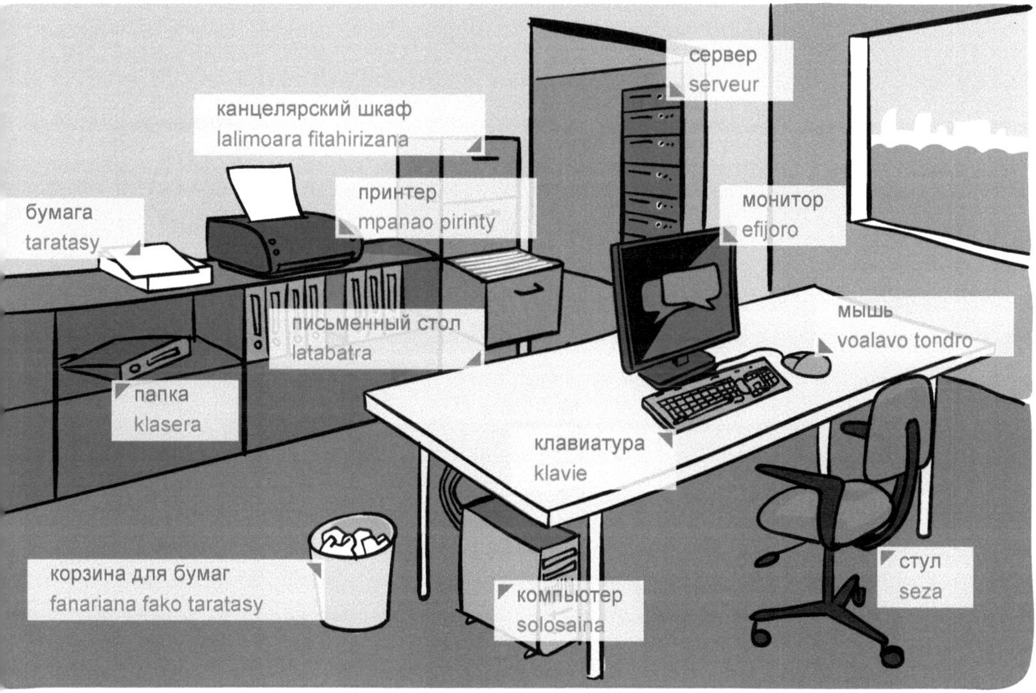

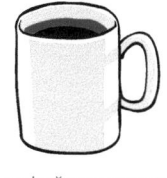

кофейная кружка

kaopin-kafe

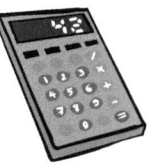

калькулятор

mpikajy

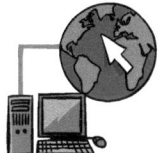

интернет

aterineto

ноутбук

solosaina maivana

письмо

taratasy

сообщение

hafatra

мобильный телефон

mobile

сеть

tambajotra

ксерокс

imprimante

программа

rindrambaiko

телефон

finday

розетка

prizy

факс

fax

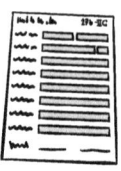

формуляр

efitra fenoina

документ

fehezan-taratasy

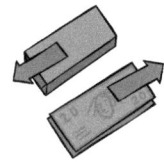

покупать
mividy

платить
mandoa vola

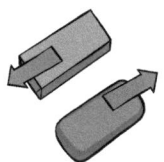

торговать
misera

деньги
vola

USD

доллар
dôlara

EUR

евро
euro

JPY

иена
yen

RUB

рубль
rouble

CHF

франк
Franc suisse

CNY

жэньминьби юань
renminbi yuan

INR

рупия
roupie

банкомат
fangalàna vola

пункт обмена валюты

toerana fanakalozana vola

золото

volamena

серебро

volafotsy

нефть

solika

энергия

angovo

цена

vidiny

договор

fifanekena

налог

hetra

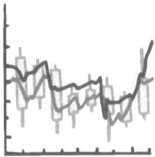

акция

action borsa

работать

miasa

служащий

mpiasa

работодатель

mpampiasa

фабрика

orinasa

магазин

fivarotana

профессии
asa

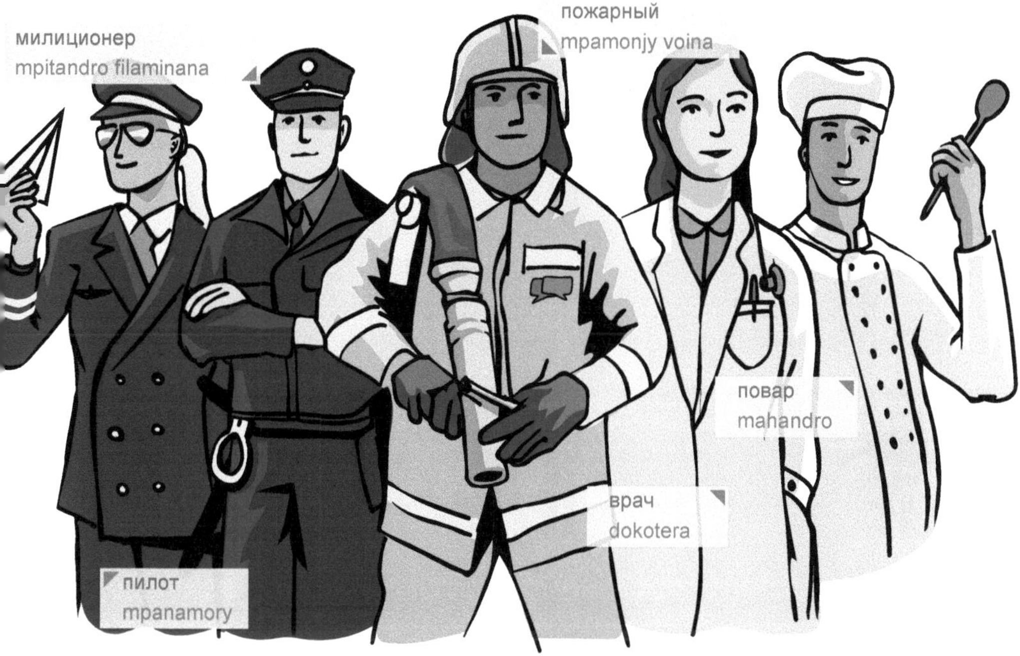
милиционер
mpitandro filaminana
пожарный
mpamonjy voina
повар
mahandro
врач
dokotera
пилот
mpanamory

садовник

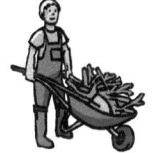

mpikarakara zaridaina

столяр

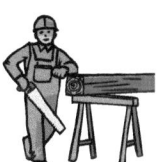

mpandrafitra

швея

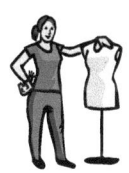

vehivavy mpanjaitra

судья

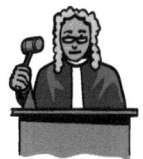

mpitsara

химик

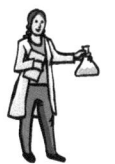

mpahay simia

актёр

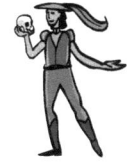

mpilalao sarimihetsika

водитель автобуса

mpamily fiara fitateram-bahoaka

таксист

mpamily fiarakaretsaka

рыбак

mpanjono

уборщица

vehivavy mpanadio

кровельщик

mpanao tafo

официант

mpandroso sakafo

охотник

mpihaza

художник

mpandoko

пекарь

mpanao mofo

электрик

elektrisianina

строитель

mpanao trano

инженер

injeniera

мясник

mivaro-kena

сантехник

plombier

почтальон

faktera

солдат

miaramila

архитектор

mpanao mari-trano

кассир

mpandray vola

флорист

mpivarotra voninkazo

парикмахер

mpanao volo

кондуктор

mpizara tapakila

механик

mpahay mekanika

капитан

kapiteny

зубной врач

mpitsabo nify

ученый

siantifika

раввин

raby

имам

imam

монах

moanina

священник

pretra

инструменты
fitaovana

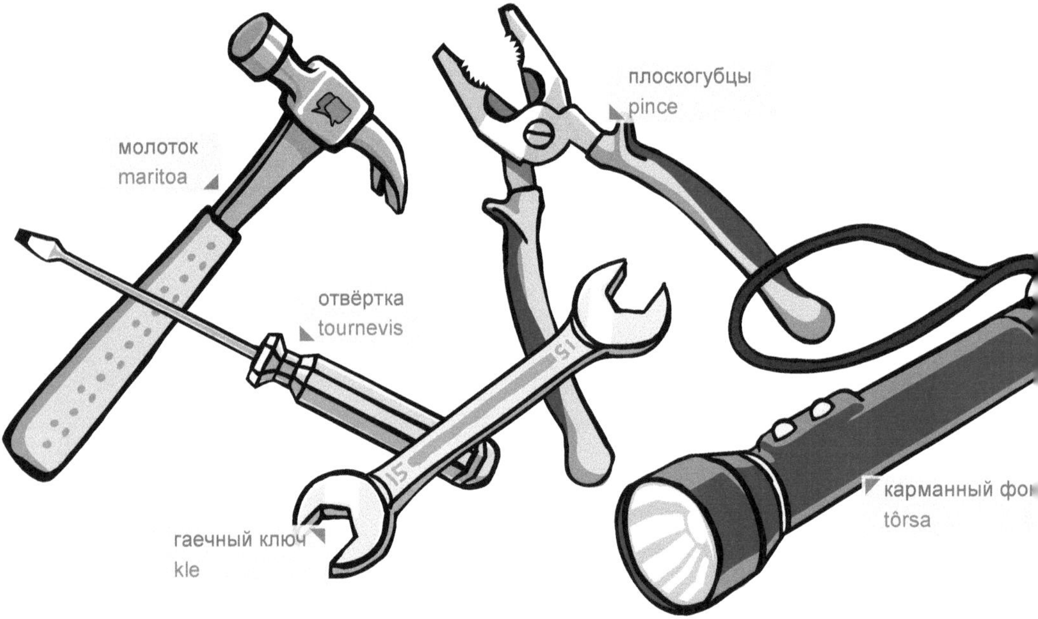
молоток
maritoa
плоскогубцы
pince
отвёртка
tournevis
гаечный ключ
kle
карманный фо
tôrsa

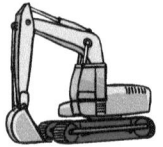

экскаватор

pelleteuse

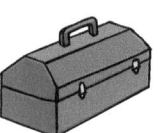

ящик для инструментов

boaty fanisy fitaovana

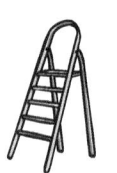

стремянка

tohatra

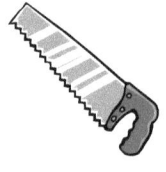

пила

tsofa

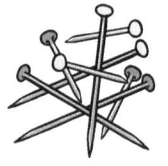

гвозди

fantsika

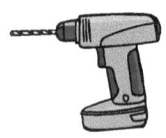

дрель

perceuse

ремонтировать
....
manarina

лопата
....
lapela

Блин!
....
Куу!

совок
....
angadim-pako

ведро с краской
....
boatin-doko

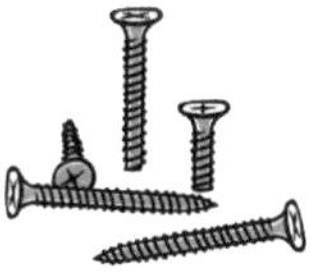

винты
....
visy

музыкальные инструменты
zava-maneno

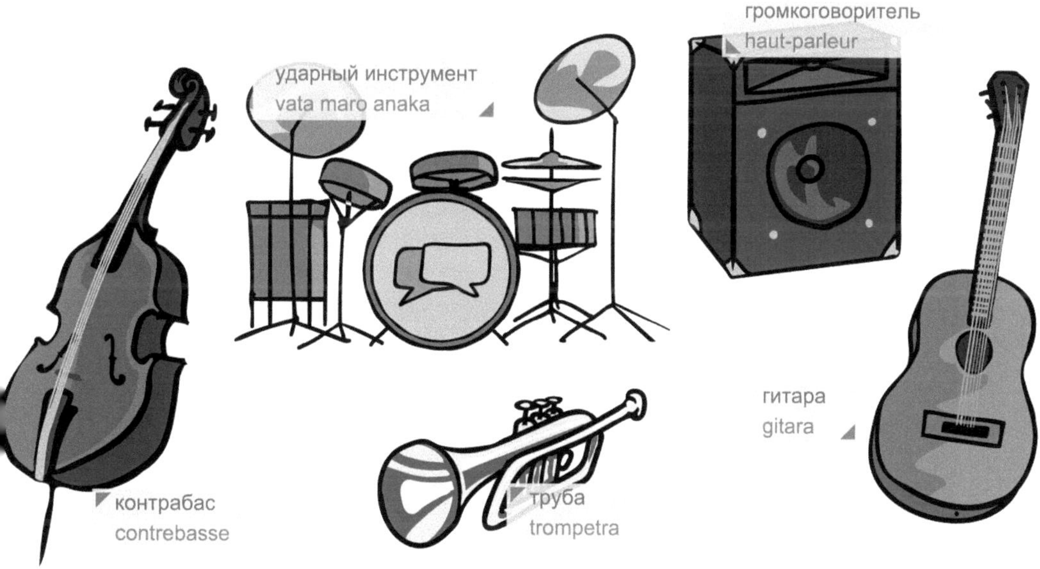

громкоговоритель
haut-parleur

ударный инструмент
vata maro anaka

гитара
gitara

контрабас
contrebasse

труба
trompetra

пианино

vata maro afitsoka

скрипка

lokanga

бас-гитара

basse

литавры

amponga timpani

барабан

aponga

синтезатор

klavie

саксофон

saksa

флейта

sodina

микрофон

mikrao

зоопарк
valan-javaboary

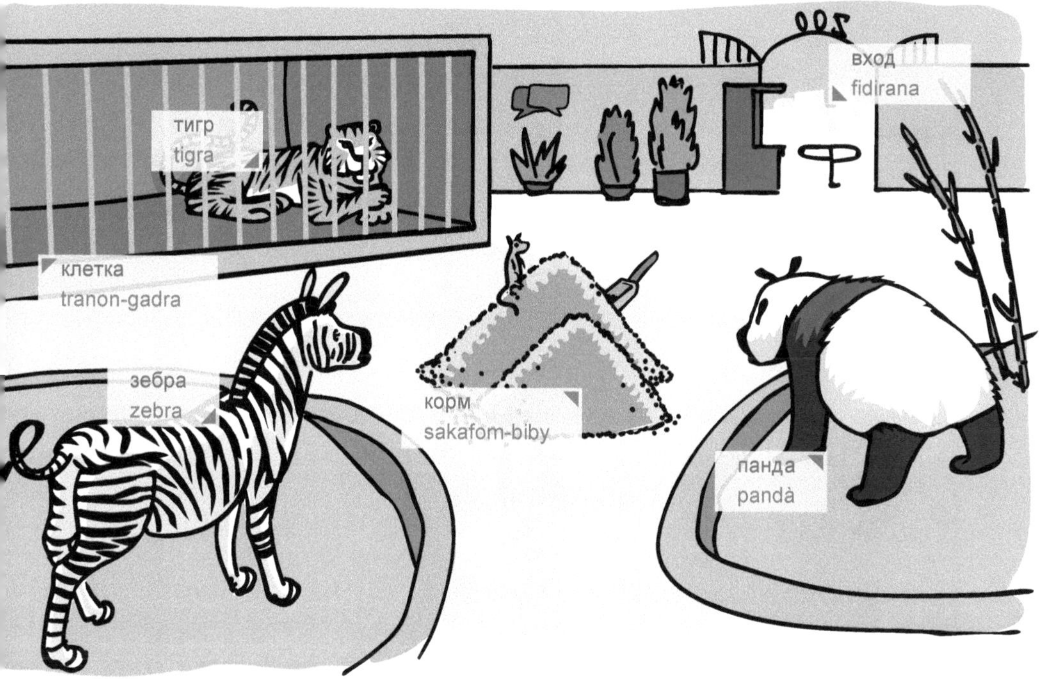
вход
fidirana
тигр
tigra
клетка
tranon-gadra
зебра
zebra
корм
sakafom-biby
панда
pandà

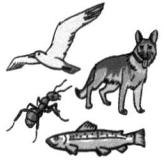

животные

biby

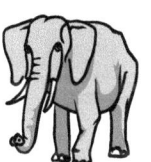

слон

elefanta

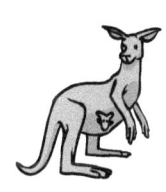

кенгуру

kangoroa

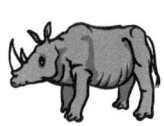

носорог

rinôserôsy

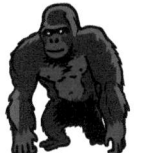

горилла

gôrila

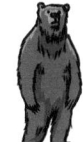

медведь

orsa

верблюд

rameva

страус

aotrisy

лев

liona

обезьяна

rajako

фламинго

sama

попугай

boloky

белый медведь

orsa polera

пингвин

pengoa

акула

atsantsa

павлин

vorombola

змея

bibilava

крокодил

voay

служитель зоопарка

mpiandry valan-javaboary

тюлень

fôko

ягуар

jagoara

пони

poney

леопард

leopara

бегемот

hipôpôtamo

жираф

zirafa

орёл

voromahery

кабан

lambo

рыба

trondro

черепаха

sokatra

морж

môrsa

лиса

renard

газель

gazely

американский футбол
Football amerikana

езда на велосипеде
hazakazaka am-bisikileta

теннис
tennis

баскетбол
baskety

плавание
lomano

бокс
boxe

хоккей
hockey an-dranomandry

футбол
baolina kitra

бадминтон
badminton

лёгкая атлетика
atletisma

гандбол
handball

лыжный спорт
ski

поло
polo

действия

raharaha

рыгать
itsambikina
обнимать
mamihina
смеяться
mihomehy
идти
mandeha
петь
mihira
мечтать
manonofy
молиться
mivavaka
целовать
manoroka

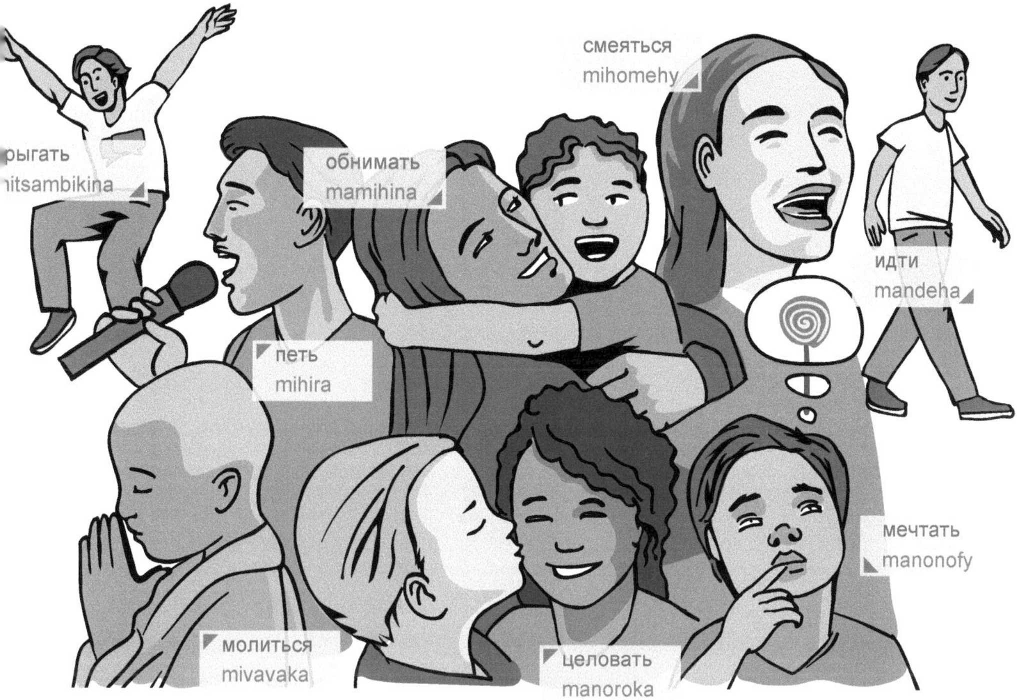

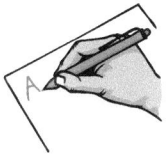

писать

manoratra

рисовать

manao sary

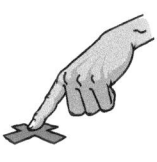

показывать

maneho

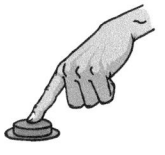

нажимать

manosika

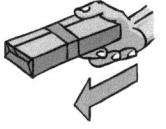

давать

manome

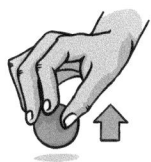

брать

mandray

иметь

manana

делать

manao

быть

mizovy

стоять

mijoro

бежать

mihazakazaka

тянуть

misintona

бросать

manary

падать

lavo

лежать

mandry

ждать

miandry

носить

mitondra

сидеть

mipetraka

надевать

miakanjo

спать

matory

просыпаться

mifoha

рассматривать

mijery

плакать

mitomany

гладить

fahatapahan'ny lalan-dra

причесывать

fiogo

говорить

miresaka

понимать

mahay

спрашивать

milaza

слушать

mihaino

пить

misotro

кушать

mihinana

наводить порядок

mandamina

любить

mitia

готовить

mahandro

ехать

mamily

летать

lalitra

ходить под парусом

miandriaka

считать

mikajy

читать

mamaky

учиться

mianatra

работать

miasa

вступать в брак

mivady

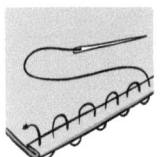

шить

manjaitra

чистить зубы

miborosy nify

убивать

mamono

курить

mifoka

отправлять

mandefa

бабушка
renibe

дедушка
dadabe

папа
ray

мама
reny

младенец
zaza

дочь
zanaka vavy

сын
zanaka lahy

гость

vahiny

тетя

nenitoa

дядя

dadatoa

брат

rahalahy

сестра

rahavavy

тело

vatana

лоб
handrina
глаз
maso
плечо
soroka
палец
rantsan-tànana
лицо
tarehy
подбородок
saoka
кисть
tànana
нога
ranjo
грудь
nono
рука
sandry

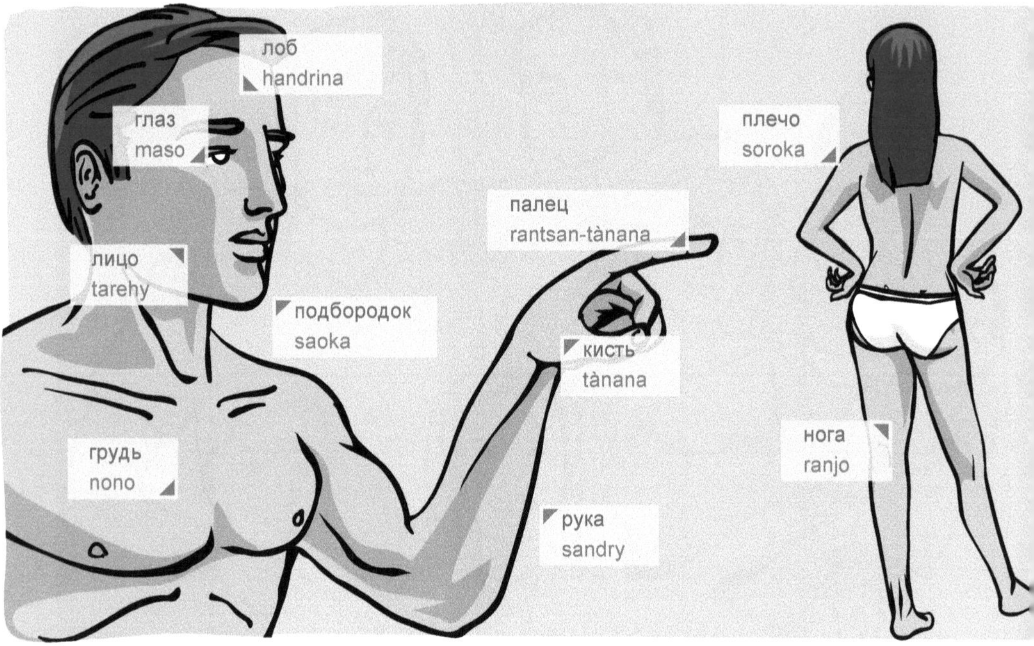

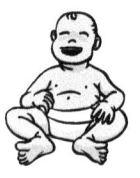

младенец

zaza

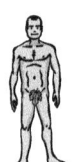

мужчина

lehilahy

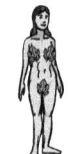

женщина

vehivavy

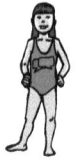

девочка

vavy

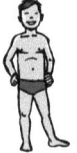

мальчик

lahy

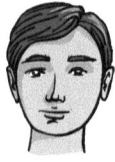

голова

loha

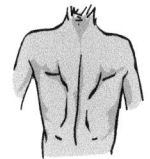

спина

lamosina

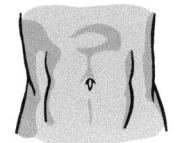

живот

kibo

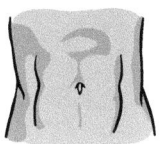

пупок

foitra

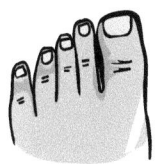

палец ноги

rantsan-tongotra

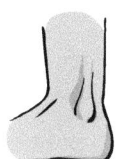

пятка

voditongotra

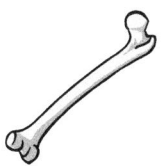

кость

taolana

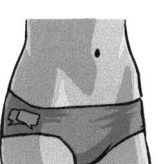

бедро

valahana

колено

lohalika

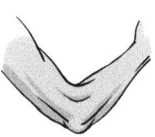

локоть

kiho

нос

orona

ягодицы

vody

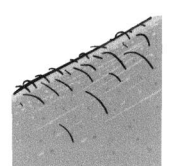

кожа

hoditra

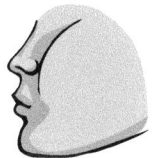

щека

takolaka

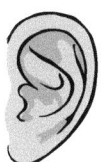

ухо

sofina

губа

molotra

рот

vava

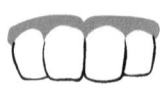

зуб

nify

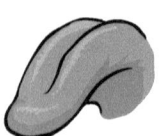

язык

lela

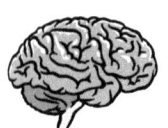

мозг

saina

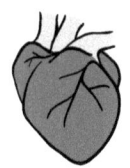

сердце

fo

мышца

ozatra

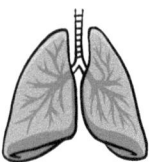

лёгкое

havokavoka

печень

aty

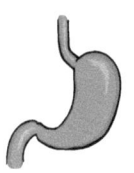

желудок

vavony

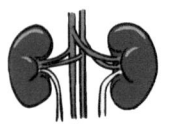

почки

voa

половой акт

firaisana ara-nofo

презерватив

fimailo

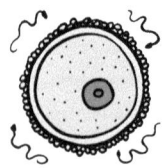

яйцеклетка

tsirivavy

сперма

ranonaina

беременность

vohoka

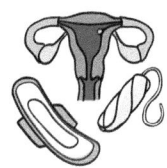

менструация

fadimbolana

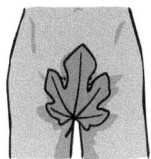

вагина

fivaviana

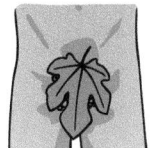

пенис

filahiana

бровь

volomaso

волосы

volo

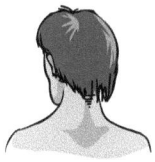

шея

tenda

больница
hopitaly

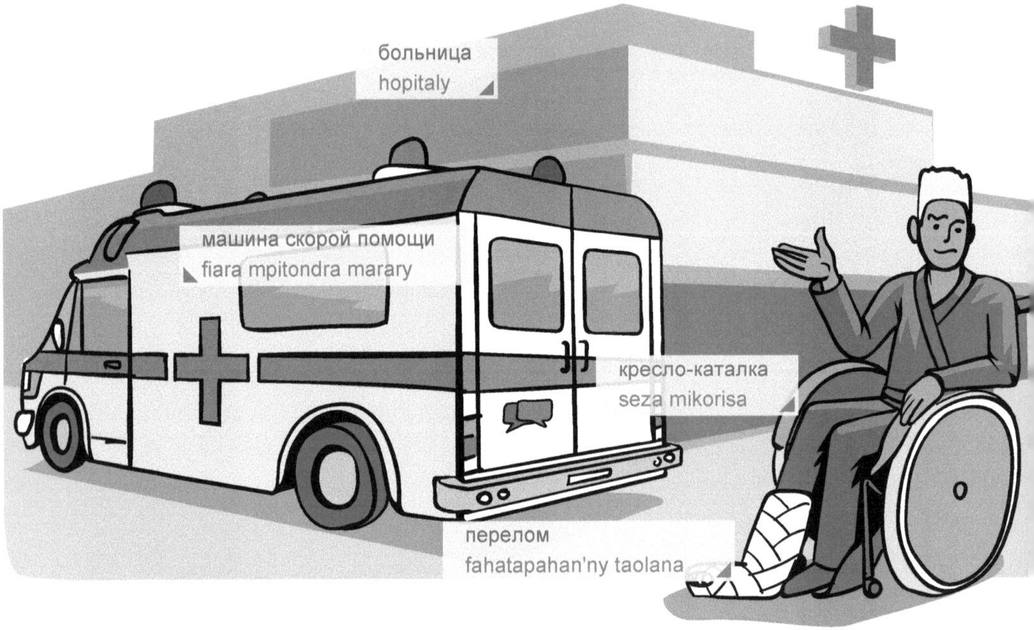

больница
hopitaly
машина скорой помощи
fiara mpitondra marary
кресло-каталка
seza mikorisa
перелом
fahatapahan'ny taolana

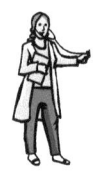

врач
dokotera

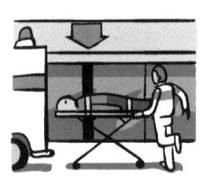

пункт первой помощи
efitra vonjy taitra

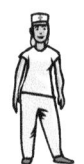

медсестра
mpitsabo mpanampy

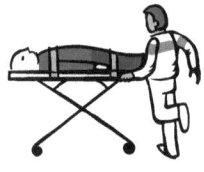

неотложный случай
vonjy taitra

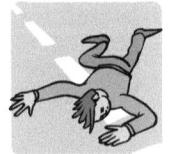

без сознания
tsy mahatsiaro tena

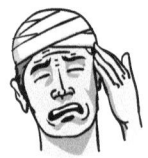

боль
fanaintainana

повреждение

faharatràna

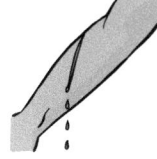

кровотечение

mandeha rà

инфаркт

aretim-po

инсульт

fahatapahan'ny lalan-dra

аллергия

tsy fahazakana sakafo

кашель

kohaka

повышенная температура

tazo

грипп

gripa

понос

fivalanana

головная боль

aretin'an-doha

рак

homamiadana

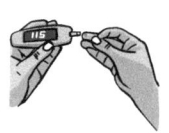

диабет

diabeta

хирург

dokotera mpandidy

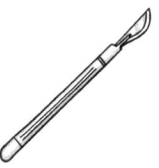

скальпель

antsy fandidiana

операция

fandidiana

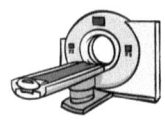

КТ

TC

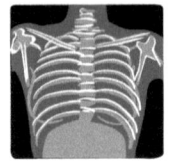

рентген

taratra X

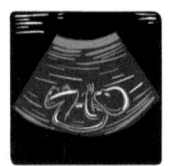

ультразвук

ekôgrafia

маска

saron-tava

болезнь

aretina

приёмная

efitrano fiandrasana

костыль

tehina

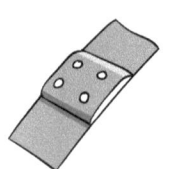

пластырь

taha fery

бинт

bandy

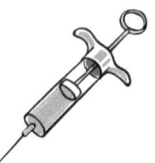

укол

tsindrona

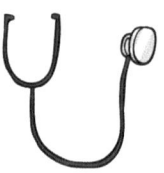

стетоскоп

stetoskopy

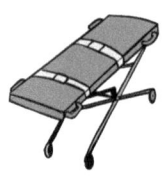

носилки

filanjana marary

термометр

fitaovana fitsapana
hafanana

рождение

fahaterahana

избыточный вес

hatavezana tafahoatra

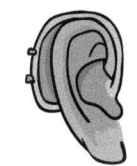

слуховой аппарат

fitaovana fandrenesana

дезинфекционное средство

famonoana mikraoba

инфекция

fifindràna aretina

вирус

viriosy

ВИЧ / СПИД

VIH / SIDA

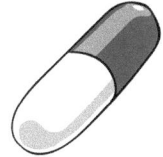

лекарство

fitsaboana

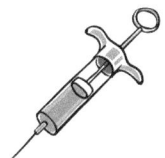

прививка

vaksiny

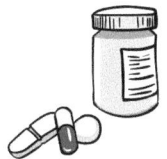

таблетки

pilina

противозачаточная таблетка

pilina

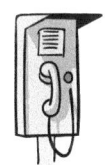

экстренный вызов

antso vonjy taitra

прибор для измерения кровяного давления

fitaovana fitsapana tosi-drà

больной / здоровый

marary / salama

Помогите!

Vonjeo!

сигнал тревоги

antso fanairana

нападение

herisetra

атака

vono

опасность

loza

запасной выход

fivoahana raha misy loza

Пожар!

Afo!

огнетушитель

fitaovam-pamonoana afo

несчастный случай

loza

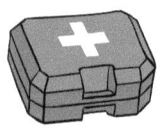

аптечка

fitaovam-pitsaboana
vonjimaika

SOS

SOS

милиция

pôlisy

Европа

Eoropa

Северная Америка

Amerika avaratra

Южная Америка

Amerika atsimo

Африка

Afrika

Азия

Azia

Австралия

Aostralia

Атлантический океан

Atlantika

Тихий океан

Pasifika

Индийский океан

Ranomasimbe Indiana

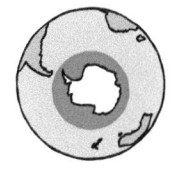

Антарктический океан

Oseana Antarktika

Северный Ледовитый океан

Oseana Arktika

Северный полюс

Tendrotany avaratra

Южный полюс

Tendrotany atsimo

Антарктика

Antarktika

земля

tany

суша

tany

море

ranomasina

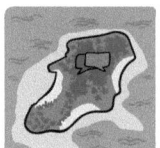

остров

nosy

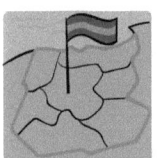

нация

tanindrazana

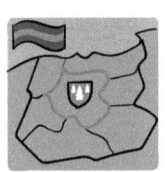

государство

firenena

циферблат

tavam-pamantaranandro

часовая стрелка

tondro ora

минутная стрелка

tondro minitra

секундная стрелка

tondro segondra

Который час?

Amin'ny firy izao?

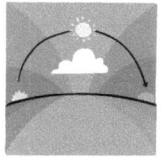

день

andro

время

fotoana

сейчас

izao

электронные часы

famantaranandro niomerika

минута

minitra

час

ora

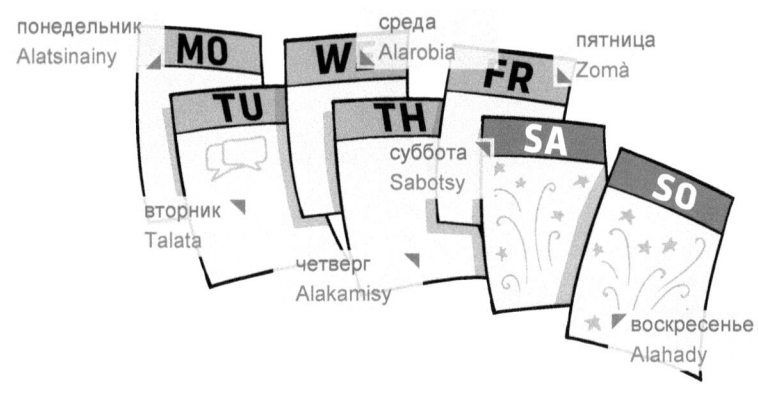

понедельник — Alatsinainy
среда — Alarobia
пятница — Zomà
вторник — Talata
четверг — Alakamisy
суббота — Sabotsy
воскресенье — Alahady

вчера

omaly

сегодня

androany

завтра

ampitso

утро

maraina

полдень

atoandro

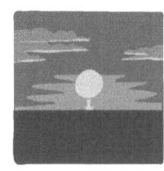

вечер

hariva

рабочие дни

adro fiasàna

выходные

faran'ny herinandro

год

taona

дождь
orana
радуга
avana
снег
ranomandry
ветер
rivotra
весна
lohataona
осень
fararano
лето
vanin-taona maina
зима
ririnina

4.APRIL 11°
5.APRIL 4°
6.APRIL 13°
7.APRIL 8°
8.APRIL 10°

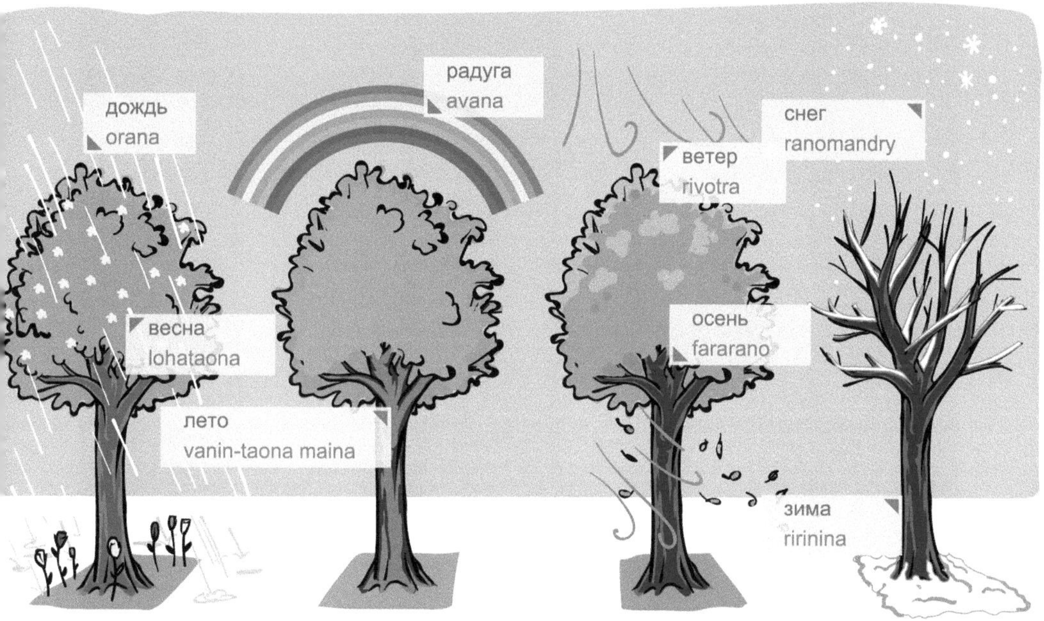

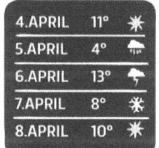

прогноз погоды

vinavina ara-toetrandro

F C
120 40
90 30
60 20
30 10
0 0
-30 -10
-20

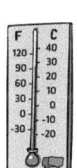

термометр

thermomètre

солнечный свет

tara-masoandro

туча

rahona

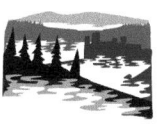

туман

zavona

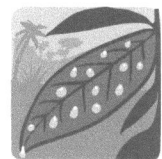

влажность воздуха

hamandoana

молния

tselatra

гром

kotroka

буря

tafio-drivotra

град

havandra

муссон

fahavaratra

наводнение

tondra-drano

лёд

vaingan-drano

январь

Janoary

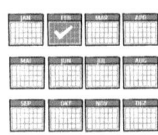

февраль

Febroary

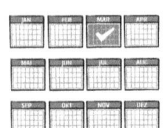

март

Martsa

апрель

Avrila

май

Mey

июнь

Jiona

июль

Jolay

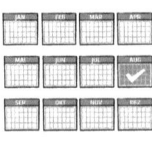

август

Aogositra

год - taona

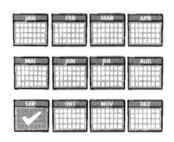

сентябрь

Septambra

октябрь

Oktobra

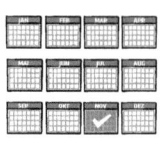

ноябрь

Novambra

декабрь

Desambra

формы

endrika

круг

boribory

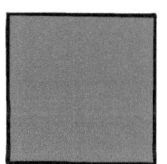

квадрат

efamira

прямоугольник

efajoro

треугольник

telozoro

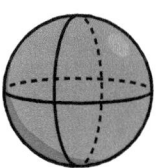

шар

bola

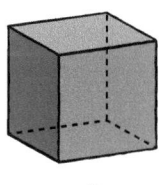

куб

goba

белый

fotsy

желтый

mavo

оранжевый

laoranjy

розовый

mavokely

красный

mena

лиловый

voloparasy

синий

manga

зелёный

maitso

коричневый

volotany

серый

volondavenona

черный

mainty

много / мало

betsaka / vitsy

яростный / мирный

tezitra / tony

красивый / уродливый

tsara / ratsy

начало / конец

fiandohana / fiafarana

большой / маленький

lehibe / kely

светлый / темный

mazava / maloka

брат / сестра

rahalahy / rahavavy

чистый / грязный

madio / maloto

полный / неполный

feno / banga

день / ночь

andro / alina

мёртвый / живой

maty / velona

широкий / узкий

malalaka / tery

съедобный / несъедобный

azo hanina / tsy fihinana

злой / дружелюбный

tsivalahara / tsara fanahy

взволнованный / скучающий

endratra / sorena

толстый / худой

matavy / mahia

сначала / в конце

voalohany / farany

друг / враг

mpinamana / mpifahavalo

полный / пустой

feno / foana

твёрдый / мягкий

mafy / malefaka

тяжёлый / легкий

mavesatra / maivana

голод / жажда

noana / mangetaheta

больной / здоровый

marary / salama

незаконный / законный

tsy ara-dalàna / ara-dalàna

умный / глупый

mahay / vendrana

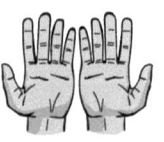

слева / справа

havia / havanana

близко / далеко

akaiky / lavitra

новый / подержанный

vaovao / tranainy

ничто / нечто

tsy misy / misy

старый / молодой

antitra / tanora

включено / выключено

mandeha / maty

открыто / закрыто

mivoha / mihidy

тихо / громко

mangina / mitabataba

богатый / бедный

manankarena / mahantra

правильный /
неправильный
marina / diso

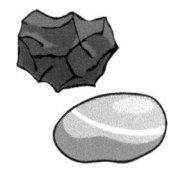

шероховатый / гладкий

marokoroko / malama

печальный / счастливый

malahelo / faly

короткий / длинный

fohy / lava

медленный / быстрый

mora / faingana

мокрый / сухой

mando / maina

тёплый / прохладный

mafana / mangatsiaka

война / мир

ady / fahalemana

0

ноль

aotra

1

один

iray

2

два

roa

3

три

telo

4

четыре

efatra

5

пять

dimy

6

шесть

enina

7

семь

fito

8

восемь

valo

9

девять

sivy

10

десять

folo

11

одиннадцать

iraikambinifolo

12

двенадцать

roambinifolo

13

тринадцать

teloambinifolo

14

четырнадцать

efatrambinifolo

15

пятнадцать

dimiambinifolo

16

шестнадцать

eninambinifolo

17

семнадцать

fitoambinifolo

18

восемнадцать

valoambinifolo

19

девятнадцать

siviambinifolo

20

двадцать

roapolo

100

сто

zato

1.000

тысяча

arivo

1.000.000

миллион

tapitrisa

английский
....
Anglisy

американский английский
....
Anglisy amerikana

мандаринский китайский
....
Fiteny sinoa mandarina

хинди
....
Hindi

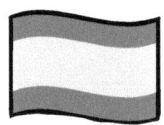

испанский
....
Espaniola

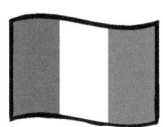

французский
....
Frantsay

арабский
....
Fiteny arabo

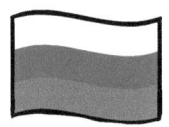

русский
....
Fiteny rosiana

португальский
....
Portogey

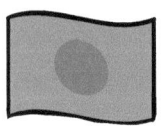

бенгальский
....
Bengaly

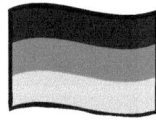

немецкий
....
Alemà

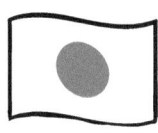

японский
....
Japoney

я

izaho

ты

ianao

он / она / оно

izy / io

мы

isika

вы

ianao

они

zareo

кто?

iza?

что?

inona?

как?

ahoana?

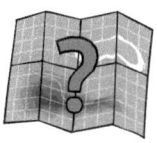

где?

aiza?

когда?

oviana?

имя

anarana

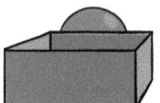

за
aorina

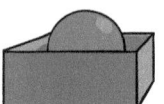

в
anaty

перед
anoloana

над
any

на
ambony

под
ambany

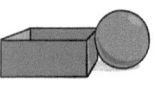

рядом
ankila

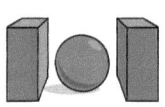

между
afovoany

место
toerana